RECHERCHES

ÉTYMOLOGIQUES ET HISTORIQUES

SUR

LES RUES DE LA VILLE DE CORBEIL

(SEINE-ET-OISE).

> « J'ai toujours beaucoup aimé ces chercheurs intrépides qui, curieusement penchés sur les siècles antérieurs, en interrogent pieusement les moindres débris, et essayent de raviver en eux comme une nouvelle vie. Leurs travaux relient les générations aux générations, retrempent la solidarité humaine, et sont comme les titres de noblesse des nations. »
>
> J. Marie Tiengou.

PAR M. PINARD

Membre de la Société française pour la conservation des monuments, etc., etc.

CORBEIL,

IMPRIMERIE ET STÉRÉOTYPIE DE CRÉTÉ.

—

1852

RECHERCHES

ÉTYMOLOGIQUES ET HISTORIQUES

SUR LES

RUES DE LA VILLE DE CORBEIL

(Seine-et-Oise).

RECHERCHES
ÉTYMOLOGIQUES ET HISTORIQUES
SUR
LES RUES DE LA VILLE DE CORBEIL
(SEINE-ET-OISE).

> « J'ai toujours beaucoup aimé ces chercheurs intrépides qui, curieusement penchés sur les siècles antérieurs, en interrogent pieusement les moindres débris, et essayent de raviver en eux comme une nouvelle vie. Leurs travaux relient les générations aux générations, retrempent la solidarité humaine, et sont comme les titres de noblesse des nations. »
>
> J. Marie Tiengou.

PAR M. PINARD
Membre de la Société française pour la conservation des monuments, etc., etc.

CORBEIL,
IMPRIMERIE ET STÉRÉOTYPIE DE CRÉTÉ.

1852

Nous ferons précéder notre travail de ces quelques pages d'introduction.

Corbeil est certainement d'origine romaine, encore que le conquérant des Gaules soit resté muet sur son compte. Combien d'autres villes ont également été oubliées par César! On a voulu dire que c'était le *Metiosedum*, dont il parle (*De Bello Gallico*, lib. VII). Ce nom ne peut s'appliquer qu'à Meudon. L'étymologie de Corbeil vient évidemment du celtique *Cor-Beell*, qui signifie *habitation sacrée*. En effet, les forêts voisines s'étendaient, dans ces temps, jusque sur les rives du fleuve, et couvraient tout le pays. Notre cité, comme la plupart de celles fondées à cette époque, le fut sur la colline, au lieu où se trouve aujourd'hui le hameau du Vieux-Marché, ainsi, d'ailleurs, que le prouve le nom de la commune d'où il dépend, appelée *Saint-Germain-le-Vieux-Corbeil*. Là, évoquant les souvenirs du passé, nous ne dirons pas, avec Delabarre, qu'elle a été détruite. Nous pensons, au contraire, qu'elle glissa sur la rive du fleuve. En effet, il procurait à ses habitants un débouché pour le commerce auquel ils se livraient ; nous le constaterons par différents détails. Au moyen âge, quand les barbares vinrent ravager Paris, Melun et Sens, on fortifia la rive opposée du fleuve pour les arrêter dans leurs incursions. C'était au IXe siècle. Bientôt plusieurs collégiales et un prieuré furent construits de ce côté, et peu à peu la population déserta la rive droite du fleuve pour venir se fixer sur la rive gauche. A cette époque, dit Dulaure, Corbeil s'accrut, non d'hommes producteurs, mais de consommateurs indolents (*Histoire des environs de Paris*, t. VI, p. 328). En fut-il autrement, à la même époque, à Melun, à Étampes, à Pontoise, à Mantes enfin? Ne voyons-nous pas partout nos rois fonder et doter des abbayes?

Nous avons pris pour modèle Poullain de Sainte-Foix, auteur des *Essais historiques sur Paris*. C'est à son imitation que nous avons recherché l'étymologie des noms anciens et nouveaux des rues de la cité qui nous vit naître. L'ordre alphabétique est celui que nous avons adopté.

Les voies publiques se sont formées au hasard, par suite de l'accroissement des populations ; les courbes qu'elles décrivent doivent particulièrement leur origine à ce que la plupart furent d'anciens chemins tracés dans la campagne, qui se sont successivement bordés de maisons, sans qu'on ait pensé à en redresser les sinuosités. On rencontra aussi, très-souvent, du mauvais vouloir chez les corporations religieuses, quand les cités prirent de l'extension ; les moines, s'embarrassant peu des besoins généraux, refusaient obstinément la cession de la moindre parcelle de leurs monastères.

Ce n'est guère qu'au commencement du XVIIIe siècle que l'on a contracté l'usage de placer au coin des rues des écriteaux avec leurs noms en gros caractères. En 1728, M. Hérault, lieutenant général de police, en fit mettre partout à Paris. Avant cette époque, les rues ne se distinguaient guère que par de grandes enseignes d'hôtelleries. Nous avons dû nécessairement nous ressentir bientôt de ce bienfait à Corbeil.

Les rues des cités ne furent pas originairement pavées, ni éclairées de nuit. C'est sous le règne de Philippe-Auguste que la première pensée vint de paver les rues de la capitale ; Paris n'était alors qu'un cloaque. Vers 1185, un financier, bien moins riche cependant que ceux d'à présent, nommé Gérard de Poissy, fit une action rare et sans exemple. Comme il vit que le roi n'épargnait ni soins ni dépenses pour l'embellissement de la capitale, dont il voulait faire l'ornement de ses États, il contribua pour sa part *onze mille marcs d'argent* pour en faire paver toutes les rues (Germain Brice, *Description de Paris*, tome Ier, page 12). Corbeil a dû également jouir plus tard de ce grand avantage.

C'est vers le milieu du dernier siècle que des lanternes ont été placées dans nos rues pour les éclairer. A Paris, avant qu'il en fût ainsi, au dernier quartier de la lune d'août, on commençait à allumer des chandelles dans des lanternes placées au-devant des habitations, et le douzième jour de la lune suivante, on cessait de les allumer pendant huit jours ; ce qui s'observait ainsi tout l'hiver. En 1841, un gazomètre a été construit à Corbeil pour fournir l'éclairage de la gare du chemin de fer. Nos édiles se sont immédiatement empressés de faire jouir leurs administrés de ce bienfait. Ainsi Corbeil n'a rien à envier sous ce rapport à la capitale.

Le territoire de notre cité a été formé très-anciennement, sur la rive droite de la Seine, de partie de ceux de Saint-Germain-le-Vieux-Corbeil et de Saint-Pierre-du-Perray, autrefois *Maury*, qui le circonscrivent ; et sur celle gauche, au Xe siècle, de celui d'Essonnes, qui est à Corbeil ce que le département de Seine-et-Oise est à celui de la Seine. Il ne s'étend que sur 157 hectares 62 ares 35 centiares. Ces limites ne datent que de la fin du dernier siècle (2 août 1794). Elles ont été fixées par Crassous, alors représentant du peuple. A cette époque, rien ne s'opposait à l'exécution d'un projet qui devait puissamment contribuer à l'accroissement et à l'embellissement de la cité et du bourg qui lui est contigu. On agita la question d'ouvrir une large chaussée dans l'axe du pont jeté sur le fleuve. Elle devait traverser la prairie dite de Saint-Jean, l'enclos de l'ancienne commanderie de Malte, du même nom, et le domaine appelé Chantemerle, pour arriver à Essonnes. Ce projet a malheureusement été abandonné aussitôt que conçu. On le reprit en 1841. La famille Feray, en possession de toutes ces propriétés, allait consentir son exécution, lorsque survint le décès de madame Feray, née Oberkampf. Des obstacles insurmontables l'ont rendu désormais impossible. Cette voie a été figurée sur le plan d'alignement de Corbeil ; elle est teintée en rouge.

Notre petite cité a jadis été fermée de murailles ; on en voit encore les restes en plusieurs endroits. Les deux rivières qui les baignent semblent des défenses pour le moins aussi sûres et aussi puissantes.

On comptait à Corbeil, avant 1789, onze églises ou chapelles, dont nous aurons nécessairement occasion de parler. Trois autres ont été détruites dans des temps antérieurs, nous en parlerons également. M. Victor Hugo, dans son roman historique de *Notre-Dame de Paris* (tome Ier, page 29), remarque qu'à Montmartre les moulins à vent ont remplacé les églises, la société ne demandant plus maintenant que le pain du corps. La même remarque est à faire pour Corbeil, où les moulins, mus par l'eau de la Juisne, rendent des services de mouture autrement importants.

A

ABATTOIR (de l'), section de l'ouest. L'établissement dont cette rue porte le nom n'existe que depuis 1850. (Ceux de Paris n'ont été construits qu'en 1809.) Elle fait partie d'un nouveau quartier qui s'est formé aux abords de l'embarcadère du chemin de fer, dans la plaine des Tarterets. Depuis les événements de février 1848, on a donné à cette rue le nom de la Fayette ; nous ne le regardons que comme très-provisoire.

ALIGRE (d'), section du nord. Nous ignorons si le fameux chancelier de ce nom, mort en 1677, ou sa famille, ont jadis possédé des biens à Corbeil ; mais nous lisons dans l'*Espion anglais* (tome IX, p. 135) qu'à la fin du XVe siècle un d'Aligre, conseiller à la cour des aides, était seigneur d'une petite terre voisine de Corbeil, appelée *Place*, et située au territoire de Lisses. Peut-être ce fief eut-il des censives en ce quartier.

AMBREVILLE (d'), section de l'ouest. Cette rue sépare Corbeil du bourg d'Essonnes, à l'extrémité des Bordes, et aboutit sur la plaine des Tarterets. Ce nom est évidemment celui altéré de l'entrepreneur qui résolut l'ouverture du canal de la Loire à la Seine, dont l'embouchure devait être à Corbeil. *Charles Lamberville* vivait au milieu du XVIIe siècle. On sait que son projet, plusieurs fois repris, a été abandonné au commencement du siècle.

Il existe, sur la rivière de Juisne et le territoire de

Villabé, un moulin à farine qui porte son nom, mais dans toute sa pureté. Il a été originairement construit pour tailler le diamant. A l'époque de la révolution cette propriété appartenait aux religieuses ursulines de Corbeil.

ARCHE (de l'), section du sud. Elle a pris ce nom à la fin du dernier siècle, lors de la prolongation du quai de halage. Il fallait conserver l'abreuvoir où elle aboutissait sur la Seine ; cette raison fit ménager une arche, dont elle tient son nom. On l'a jugée inutile ces années dernières, et par suite supprimée. Plus tôt la partie supérieure de cette rue portait le nom des *Trois-Conins*, et celle inférieure celui du *Donjon*, parce que non loin se trouvait une tour carrée ainsi appelée.

Elle existait encore à la fin du XVIe siècle, et défendait le fleuve et la ville de ce côté. Les siéges qu'eut à soutenir la cité à cette époque la ruinèrent ; on la réduisit alors au premier étage, et on l'enferma dans un éperon qui fut construit avec les matériaux sortis de la démolition de l'église Saint-Nicolas, située non loin, *extra-muros*, et qui commandait les remparts de la ville (Delabarre, *Histoire de Corbeil*, page 11). Ce qui restait de ce donjon gênait la navigation ; on l'a détruit vers 1786. On prétend que cette tour fut jadis surmontée des armoiries de la famille dite du Donjon, qui descendait des comtes de Corbeil. Ces armes consistaient en un fruit en chef placé au-dessus d'une tour. La difficulté est, dit l'historien de notre ville (p. 157), de savoir si c'était un *oignon* ou une *pêche*, également en honneur à Corbeil. Delabarre penche pour la pêche, et ajoute qu'elle fut autrefois le cri militaire de Corbeil (*a*).

(*a*) Les girouettes ne sont pas antérieures au XIIIe siècle. Les gentilshommes seuls avaient le privilége de parer de cet ornement le faîte de leurs maisons. Poullain de Sainte-Foix (*Essais historiques*

Dans cette rue subsiste une maison également appelée le *Donjon*. On y fixe la demeure d'une famille qui florissait dans le cours des XIIe et XIIIe siècles, et qu'on pense, ainsi que nous l'avons précédemment dit, être descendue de nos anciens comtes. Elle s'éteignit alors, ou se fit oublier ; car, à partir de cette dernière époque, il n'en fut plus question. *Aymon du Donjon* vivait en 1090 ou 1100. Il se fit moine à Longpont (*a*), prieuré de bénédictins, auquel il fit beaucoup de bien. *Nantier du Donjon* vécut dans le même temps. *Baudouin du Donjon*, l'un des plus renommés chevaliers de son temps, est mentionné vers 1136. *Frédéric du Donjon* vivait en 1138. M. *Lancelot* croit qu'il fut père de *Guy*, qui vivait en 1180. *Jean du Donjon* fut fait évêque de Carcassonne, vers 1196. *Pierre du Donjon* est qualifié *comte de Corbeil* par Fauchet, dans son livre de l'*Origine des chevaliers*, quoiqu'il n'eût jamais porté ce titre.

Les chapitres de Saint-Spire et de Notre-Dame de Paris ont été coseigneurs du fief du Donjon. Il était en la censive de Vaux-sur-Essonnes (Delabarre, *Histoire de Corbeil*, page 156).

C'est dans ce logis que le fameux *Abailard* (*b*) établit une école sous le règne de Louis le Gros (Delabarre, *Histoire de Corbeil*, p. 136), avant qu'il vînt enseigner à

---

sur Paris, tome IV, page 13) ajoute que, dans l'origine, il fallait avoir monté des premiers à l'assaut de quelque ville et avoir planté sa bannière ou son pennon sur le rempart, pour être autorisé à la jouissance de cette faveur. Ces girouettes étaient peintes, armoriées, et représentaient les bannières ou les pennons de la noblesse.

(*a*) Cette commune est très-voisine de Montlhéry.

(*b*) Né à Palais, petite ville de la haute Bretagne, en 1079. Célèbre par ses amours avec Héloïse et par les malheurs dont elles furent suivies ! Mort en 1142, dans le prieuré Saint-Marcel, près Châlon-sur-Saône. Héloïse, qui lui survécut 22 ans, fit porter ses restes au Paraclet, monastère dont elle fut abbesse. C'est avec les débris de leur tombeau qu'a été édifié celui que leur a construit M. *Alex. Lenoir*, dans le cimetière du Père-Lachaise.

Paris (a). La célébrité du maître fait croire qu'il s'assembla d'illustres écoliers dans notre ville, surtout si son dessein était de nuire aux écoles fondées à Melun par Guillaume de Champeaux (b).

La tradition veut aussi qu'il se soit rendu à Corbeil pour y voir *Héloïse*, qu'on avait ravie à sa tendresse ; et la manière dont ceci est raconté dans le livre de leurs amours (in-12, pages 39 à 44) conduit à plusieurs faits qui doivent trouver place ici, puisque ce serait la maison du Donjon qui aurait été la confidente des pensées des deux amants.

« Fulbert(c), y est-il dit, envoya sa nièce à Corbeil, chez Geneviève, avec ordre de ne lui permettre de voir personne, pour des raisons dont, disait-il, il ne pouvait pas s'expliquer. Héloïse l'avait averti (Abailard) par un billet du lieu où elle était. Il quitta la chaire et la ville (Paris, où il professait) ; et, faisant courir le bruit qu'il allait à Melun, il fut à Corbeil en déguisé. Il ne lui fut pas malaisé de voir sa maîtresse, et l'amour fait de bien plus grands miracles.

(a) On n'est pas parfaitement d'accord sur ce point. Quelques auteurs prétendent, au contraire, qu'alors il fuyait Paris, où il était en butte à la haine de son maître, et qu'il choisit Corbeil pour se moins éloigner de la capitale. Ceux-ci prétendent qu'il ne fut chez nous ni moins admiré ni plus tranquille.

(b) Moine de Saint-Victor, puis évêque de Châlon-sur-Saône. Il enseigna longtemps avec le plus grand succès la rhétorique, la dialectique et la théologie. Guillaume trouva dans Abailard un rival redoutable. Ce prélat mourut, et fut inhumé dans la communauté de Saint-Victor, en 1121.

(c) D'abord chanoine de la cathédrale de Paris, puis évêque de Chartres. Il fut l'un des principaux ornements de l'Église gallicane. Fulbert était disciple du célèbre moine *Gerbert*, qui, grâce à sa science, passa pour sorcier, et devint pape, sous le nom de *Sylvestre II*. Ce prélat nous apprend avec humilité qu'il était d'une naissance obscure et né en bas lieu : *pauper et de sorde levatus*. Il a laissé une réputation immortelle de sainteté et de sagesse.

Il la fit avertir de son arrivée, et elle lui apprit des moyens pour la voir. Il y avait derrière la maison où logeait Héloïse un grand jardin entouré de murailles assez basses pour y pouvoir entrer sans peine : ce fut là que le docteur eut ordre de se trouver ; elle s'y rendit facilement, sous prétexte d'une légère indisposition qui l'obligeait à coucher seule dans une chambre auprès de ce jardin. Jamais amants n'ont été plus satisfaits l'un de l'autre que ne furent Abailard et Héloïse à cette première entrevue. Abailard avait déjà demeuré près d'un mois à Corbeil, pendant qu'on le croyait à Melun, quand, un soir, étant à son rendez-vous ordinaire, il apprit d'Héloïse deux choses qui ne le surprirent pas peu. La première fut qu'Albéric (premier amant d'Héloïse), qui la recherchait en mariage, avait écrit à Fulbert que la mort de son père avait laissé de grandes affaires dans sa famille, ce qui le retiendrait encore cinq ou six mois à Reims; qu'il le priait pourtant de lui conserver sa nièce ; qu'il viendrait l'épouser dès que ses affaires y seraient disposées. Cette première nouvelle n'eût été rien sans la seconde, qu'Héloïse ne lui apprit qu'après bien des façons... Elle lui dit qu'elle croyait être grosse... Abailard sortit de cette conversation assez rêveur, et retourna à Paris, où il demeura jusqu'à ce qu'Héloïse, se trouvant si avancée, pria son amant de l'enlever, afin qu'elle pût faire ses couches en sûreté.... Il l'enleva, un soir, de la maison de sa mère ; l'emmena chez lui, en Bretagne (à Palais), chez une sœur qu'il y avait. Elle y accoucha d'un fils, qui, pour la ressemblance avec Abailard, semblait porter le nom de son père écrit sur son visage... Albéric était arrivé à Paris le jour avant qu'Abailard eût enlevé Héloïse ; et ayant été le même jour chez Fulbert, dans le dessein d'exécuter sa parole, il apprit de lui que sa nièce était à Corbeil, où il l'avait envoyée pour éviter la présence et les importunités du docteur. Albéric fut très-satisfait du soin qu'on avait pris de lui conserver l'objet de son amour, et se disposa à aller le lendemain à Corbeil, pour tâcher de résoudre Héloïse au choix que son oncle avait fait en lui destinant sa nièce. Mais son amour impatient ne lui permit pas d'attendre si longtemps, et il partit le soir même, afin qu'il s'y trouvât plus matin le lendemain. Dès que le jour parut, il fut dans la maison où elle logeait demander de ses nouvelles. Comme on ne s'était pas encore aperçu de sa fuite, on lui dit que, sans doute, elle serait dans sa chambre. Il y alla, et n'y trouva personne. Il s'y arrêta pendant qu'on la fut chercher; mais on revint sans l'avoir trouvée. Les uns et les autres commençaient à être en peine du lieu où elle était, quand on trouva un billet dans sa chambre, s'adressant à la femme qui demeurait dans cette maison (à Geneviève), qu'Albéric ne savait point être la mère d'Héloïse. Il était ouvert; et Albéric, l'ayant lu, apprit avec un grand étonnement la naissance et la qualité des parents d'Héloïse, et en même temps son enlèvement par Abailard (a). »

Tous ces détails ne devraient-ils pas suffire pour que l'édilité de notre cité décidât qu'à l'avenir cette rue portera le nom d'*Héloïse* et d'*   ard*? Melun n'a pas négligé le souvenir de ce fameu   .alecticien.

Lors de l'établissement d'une loge maçonnique à Corbeil, au commencement du siècle, la maison du Donjon fu appropriée à cet usage. Le théâtre en fut depuis transféré dans une maison de la rue du Charbon-Blanc. Les événements de 1814 ont amené la dissolution de cette société à Corbeil.

ARQUEBUSE (Rue et place de l'), section du sud. Avant

(a) L'enfant né de cette liaison malheureuse fut nommé *Astrobalde*; il entra dans les ordres, et fut pourvu d'un canonicat dans la cathédrale de Nantes.

la révolution de 1789, le corps des arquebusiers possédait un hôtel sur cette place. Ces chevaliers s'y livraient aux exercices qui leur étaient propres. Ce corps militaire et privilégié, toujours prêt à voler dans les dangers à la défense de nos remparts, défendait en même temps nos temples et leurs autels : *pro aris et focis*.

Delabarre dit, au xx° chapitre de son 1ᵉʳ livre d'*Antiquités* : « L'empereur ayant surpris Château-Thierry, le roy de France vint se camper à Hermainvilliers. Son armée couvroit toute la Brie, et la cavalerie étoit logée depuis Farmoutiers jusqu'à Corbeil, où le roy ordonna qu'on leveroit *deux cents arquebusiers*, qui seroient commandés par le capitaine de Corbeil » Plus tard encore, nos arquebusiers se trouvèrent sur les murailles de la ville, d'où ils contraignirent les ennemis de se retirer au gros de l'armée du prince de Condé.

Les statuts et règlements de cette compagnie furent imprimés en 1757 ; ils annonçaient dès le titre le fond de leur code :

>   Quas ferimus leges gratâ sub imagine ludi,
>   Bella ciere docent, martemque accendere donis.
>   Præmia virtuti, fidei, qui dantur honores
>   Justitiam servare monent regique Deoque.

Voici la traduction de ces vers :

>   Nos lois, sous l'image d'un jeu,
>   Sont une école de la guerre.
>   Nos prix, qui des vertus sont le juste salaire,
>   Apprennent à servir et son prince et son Dieu.

C'est de là que sont partis les chevaliers de l'Arquebuse, lors de l'exécution du décret de l'Assemblée nationale, qui ordonnait leur licenciement (dimanche 11 juillet 1790), pour venir déposer leurs drapeaux dans l'église collégiale de Saint-Spire. Ces trophées furent alors suspendus à la voûte du sanctuaire : les malheurs des temps ne les y laissèrent qu'un bien petit nombre d'années! Peu après, l'Arquebuse fut vendue comme propriété nationale. Un sieur Lefèvre s'en rendit acquéreur ; il établit, en 1797, sur le cours d'eau dont le jardin est bordé, un moulin à farine. On y en a construit un second en 1822.

L'hôtel de ville était jadis attenant à celui de l'Arquebuse. Il a été abandonné en 1805, parce qu'il menaçait ruine, et n'a été aliéné qu'en 1819. Une arcade de communication avec la rue des Fossés est ouverte sous ce bâtiment.

L'artillerie que possédait la cité, au moment de nos troubles civils, demeurait habituellement sur la place de l'Arquebuse. Le dernier duc de Villeroy, seigneur engagiste du comté de Corbeil, l'avait fait transférer dans la cour de son château en 1740 ; elle fut ramenée à Corbeil le 29 juillet 1789. Aux sept pièces de canon dont elle se composait en furent ajoutées deux nouvelles par la munificence de M. de Clermont-Tonnerre, commandant de la garde nationale de notre ville. Cette artillerie fut envoyée à l'armée, où elle était devenue plus nécessaire, peu après qu'elle nous eut été rendue.

Le corps des artilleurs a rendu d'éminents services à la ville en des temps désastreux. « Les canonniers de Corbeil, en 1562, dit l'historien de cette ville (p. 246), faisant merveille de tirer, tuèrent et estropièrent quantité de soldats, outre deux personnages de remarque, » etc.

B

BARILLET (du), section du nord. Cette rue devait être autrefois habitée par des tonneliers, profession que la vigne a toujours réclamée à Corbeil. Le voisinage du port du

Petit-Bercy nous autorise à le penser. On sait que des règlements obligeaient anciennement chaque profession à habiter les rues affectées à leurs métiers. Autrement nous ne pourrions voir dans ce nom que celui d'une hôtellerie qui aurait eu pour enseigne un *baril*, dont on aurait formé le mot *Barillet*.

BERCY (Rue et port du Petit-), section du nord. Ce nom a évidemment été donné à ce petit port par analogie avec le *Bercy parisien*, où se déchargent les vins de la haute Seine, destinés à la consommation de la capitale. Peut-être les vins de nos vignobles étaient-ils autrefois expédiés à Paris avant l'établissement des droits exorbitants qui les frappent. Ils n'ont plus permis d'y conduire des vins de médiocre qualité. Ce port était certainement destiné à leur embarcation.

BORDES (Grandes et Petites-), section de l'ouest. Ces deux rues parallèles conduisent de Corbeil à Essonnes. Suivant le *Glossaire* de Ducange, les *Bordes* étaient de petites maisonnettes bâties à la légère et couvertes de joncs. Cette étymologie est applicable à cette portion de notre territoire, puisque, suivant les anciens historiens, avant le IXe siècle, le sol, depuis occupé par le *Nouveau-Corbeil*, était couvert par des huttes dressées par des pêcheurs. Les mots celtiques *Bur*, *Beur* ou *Bor* désignent une maison de campagne, ou plutôt une *cense*, et *Burda* est le nom que lui donne Grégoire de Tours.

Les lieux de prostitution, appelés *bordels*, ont la même origine étymologique. Ils étaient autrefois placés dans des *bordes* ou petites maisons peu éloignées des habitations (Rabelais, *Erotica verba*).

Dans ce canton se trouvait un fief appelé *Jérusalem*;

c'était une annexe de la commanderie de Malte, fondée à Corbeil en 1223, par Isburge, veuve du roi Philippe-Auguste.

On passe, dans le parcours des Petites-Bordes, sur un pont sous lequel coule une décharge de la rivière de Juisne; on l'appelle la *rivière folle*, parce que ses eaux suivent le niveau des deux principaux bras de cette rivière : elles montent ou descendent, suivant que l'un ou l'autre a ses eaux basses ou élevées.

BOUCHERIE (de la), section du sud. Cette rue devait être jadis habitée par les gens de cette profession ; ou bien ils y avaient leurs *étaux*. Nous y avons connu jusqu'à trois bouchers.

Les moulins qui portent ce nom étaient autrefois la propriété du chapitre de Saint-Spire. Il n'y en eut originairement qu'un, où l'on moulait le blé consommé par le chapitre. En 1183, la reine Adèle, veuve du roi Louis VII, à qui ce monarque avait donné le comté de Corbeil en douaire, fit don à cette collégiale de *deux bourgeois bien acquis*; en d'autres termes, du droit de moudre le blé de deux habitants de la ville (Delabarre, *Histoire de Corbeil*, p. 140). Ce privilége était alors exclusivement réservé aux moulins banaux du roi, posés au-dessus du château royal, à la rive droite du plus fort bras de la Juisne, près de son confluent avec la Seine.

Par la même charte, Adèle de Champagne accorda au chapitre de Saint-Spire le droit d'avoir un *âne* pour porter la mouture à domicile.

La dérivation de la Juisne qui alimente les quatre moulins de la Boucherie doit, suivant nous, avoir été ouverte dans le but de protéger la collégiale et son chapitre, aussi bien que celle dite de l'Arquebuse, qui baigne les anciennes murailles de la ville.

BOULANGERS (du Port des), section du nord. On lit dans la *Vie privée des Français* (tome I*er*, p. 81) : « Outre les pains faits dans Paris, il en arrivait encore des villages voisins (on sait que le pain de *Chilly*, village de notre arrondissement, a été autrefois en réputation); il en venait jusque de *Corbeil*, par la Seine ; et ce genre de commerce avait déjà lieu, pour cette ville, sous saint Louis, comme on le voit par les statuts qu'on donna à cette époque aux boulangers. » La tradition du pays est que le *coche d'eau*, supprimé en 1812, n'avait été originairement établi que pour faire ce service, une fois par semaine ; et c'est au port dit encore des *Boulangers* que le chargement se faisait. Au commencement du XVIIe siècle, sa destination venant à changer (il ne reçut plus alors que des voyageurs), dit notre historien : « il s'esmeut un grand discord sur le port de Corbeil, pour la voicture des marchandises, entre le fermier du *Corbillat* et les autres basteliers. » Intervint arrêt du conseil, du 9 octobre 1608, en faveur du fermier. Cette citation suffit, il nous semble, pour donner à penser que cette rue était exclusivement réservée aux gens de cette profession.

Gonesse a depuis longtemps accaparé ce genre de commerce, et en est seul en possession de nos jours. Son pain se débite à Paris, le mercredi et le samedi de chaque semaine.

BOURGOIN (Quai), section du sud. Il a été établi en 1840, pour faciliter la navigation dans la ville (*a*). Ce nom est celui d'un enfant du pays. Son père exerçait la profession de boulanger (*b*). Dégoûté par les chagrins que lui causait

---

(*a*) Indépendamment des dépenses faites par l'administration des ponts et chaussées, la ville a contribué pour 60,000 francs à sa construction.

(*b*) Ceci nous rappelle le nom d'un autre concitoyen, dont le père exerçait également la profession de boulanger. Haudry naquit à

son beau-père, il prit le parti des armes, et partit simple soldat sous le nom de *Corbeil*, qu'il prit pour nom de guerre et qu'il conserva. Il vivait sous le grand roi, et dut ses grades à ses talents et à son activité. Bourgoin mourut au lieu qui l'avait vu naître, le 12 novembre 1661, à l'âge de 76 ans. Il reçut la sépulture dans la crypte de l'église Notre-Dame de cette ville, sur l'emplacement de laquelle passe actuellement ce quai, là où aboutit la rue Neuve-Notre-Dame. Son mausolée a été transféré dans l'église Saint-Spire en 1805.

C

CHANTEREINE, section de l'ouest. Elle communique aux deux grandes voies dites Grandes et Petites-Bordes, et a emprunté son nom à un moulin à farine tout voisin, connu dès le XIIe siècle. Maurice de Sully, évêque de Paris, fit, à cette époque, l'acquisition du moulin de Chantereine, de deux séculiers (l'abbé Lebeuf, *Histoire du Diocèse de Paris*, t. XI, p. 227).

Il y avait jadis à Paris, quartier Montmartre, une rue de ce nom. Depuis 1830, elle a repris le nom de la *Victoire*, qu'elle avait porté en 1799, lors du retour d'Egypte du général *Bonaparte*. *Joséphine* y habitait un petit hôtel qui porte maintenant le n° 52.

Il y a à Auxerre, comme à Corbeil, un moulin de ce nom.

CHARBON-BLANC (du), section du sud. Il faudrait

Corbeil, l'une des premières années du XVIIIe siècle. Ce fut un des phénomènes de la fortune. Placé chez Brantin, directeur des aides, à Corbeil, son seul mérite lui fit rapidement parcourir tous les emplois de cette administration, et il devint fermier général sous M. Orry.

peut-être dire du *Chardon-Blanc*, et conjecturer que son emplacement fit autrefois partie d'un mauvais champ baigné par la Seine, et où ne croissaient que la ronce et le chardon : à moins que ce nom n'ait été celui d'un fief, ou l'enseigne d'une hôtellerie.

CHEMIN-DE-FER (Place et rue du), section de l'ouest. C'est le 17 septembre 1840 que la section de Paris à Corbeil a été livrée à la circulation. Avant ce temps, cette portion de notre territoire, dite les Tarterets, était livrée à la culture.

CHEMIN-VERT (du), même section. Il communique des Petites-Bordes à l'avenue de Saint-Jean. Le conseil municipal, dans sa séance du 7 mai 1841, a adopté la prolongation de ce chemin jusqu'aux Grandes-Bordes : reste la réalisation de sa délibération.

CIMETIÈRE (du), même section. Cette rue, ainsi que son nom l'indique, conduit au champ du repos, transféré dans la plaine des Tarterets en 1832, durant l'épidémie connue sous le nom de *choléra-morbus*, qui ne fit pas moins de 120 victimes à Corbeil. (Ce fléau a exercé chez nous le même ravage en 1849.) Ce champ du repos a été bénit, le 11 avril, par M. Chauchet, curé de la paroisse, délégué par l'évêque diocésain.

COLLE (du Pont-de-la-). *Voyez* OBERKAMPF.

COLLEGE (du), section du sud. Le contrat de fondation de cet établissement porte la date de 1656. On le dut à *Jacques Bourgoin*, qui l'établit dans sa propre maison. L'inscription suivante se lit encore dans l'ancienne chapelle (titrée de Saint-Jean-Baptiste), où l'on pourrait croire que cet officier supérieur a été inhumé, parce qu'elle fut d'abord placée sur sa sépulture, à Notre-Dame, où les habitants de la ville, reconnaissants de ses bienfaits, lui érigèrent, dans la suite, le mausolée dont nous avons parlé : « Icy gist Jacques Bourgoin, écuyer, natif de Corbeil, décédé le 12ᵉ jour de novembre 1661, âgé de 76 ans. Lequel, après avoir glorieusement servi trois de nos rois consécutifs en plusieurs honorables emplois, qu'il a eus tant dans l'infanterie que dans la cavalerie, est venu doucement achever sa vie où il l'avoit commencée. Ses premiers coups d'essai au fait des armes ont été sous Henri IVᵉ, en Franche-Comté et au siège d'Amiens ; et depuis, en ayant continué les exercices sous Louis XIII, comme lieutenant-colonel du régiment de la Tour, il a réussi si avantageusement, qu'il mérita de commander dedans la citadelle de Casale, lorsque le marquis de Leganez l'avoit assiégée avec l'armée du roy d'Espagne; enfin, il les couronna heureusement sous Louis XIVᵉ, par la conservation de Corbeil au service de Sa Majesté pendant les troubles de France, en 1652, le roy lui ayant donné le commandement de cette place, de la dernière conséquence, par ses lettres patentes. Mais ce n'est pas en celles-là seules qu'il a témoigné le zèle qu'il avait pour sa chère patrie, l'ayant encore très-particulièrement signalé par deux fondations à perpétuité, qu'il y a faites, par une piété toute extraordinaire, devant sa mort : l'une de 550 livres de rente en l'église de céans (Notre-Dame), pour prier Dieu pour lui, et pour donner aux pauvres, tous les ans, deux muids de bled, qui font, par chaque mois, deux septiers, comme il est déclaré par le contrat de ladite fondation, passé devant Tarterêt, notaire à Corbeil, le 2 janvier 1653 ; et l'autre d'un collége, en sa propre maison, pour y instruire la jeunesse de la ville et fauxbourgs de Corbeil, gratuitement, en la crainte de Dieu, en bonnes mœurs, en écriture et langue latine jusqu'à la rhétorique inclusivement. Conformément au contrat de ladite fondation, passé devant

Barre et Tarterêt, notaires, le 30e janvier 1656. De quoi elle lui demeurera éternellement obligée, sans que pour cela tu te doives dispenser, passant, d'adresser quelques prières à Dieu pour le repos de son âme. Dieu s'est servi de lui pour la reprise des îles Sainte-Marguerite. *Requiescat in pace.* »

MM. de la Sorbonne avaient la nomination des maîtres de ce collége. Depuis sa fermeture, à l'époque de la révolution, cette maison a toujours été affectée à la tenue des écoles élémentaires; on y a substitué, en 1816, la méthode lancastérienne (enseignement mutuel). Dix ans plus tard, une salle d'asile s'ouvrait dans le même local, par les soins de la municipalité.

Dans les temps anciens, c'est-à-dire au moyen âge, les chanoines des églises collégiales de Corbeil observaient l'ancienne constitution de l'Eglise, en prenant le soin d'enseigner la jeunesse, ou en lui donnant des précepteurs capables. En 1248, une sentence de l'évêque de Paris confirma à *Jean Trousseau* (a), chanoine de Notre-Dame de Paris, et de Saint-Spire, à Corbeil, la nomination à vie des maîtres des grandes écoles de cette ville. La même sentence portait qu'après sa mort le chapitre de Corbeil y pourvoirait; apparemment que la branche des Trousseau devait finir en sa personne. Il paraît que cette famille était en possession de ce droit depuis longtemps, pour avoir fourni à la subsistance d'un des maîtres de cette école.

Ces écoles étaient régies par un décret du pape Eugène III, et une ordonnance du concile de Latran, qui voulait que, dans les églises collégiales, des prébendes fussent affectées au payement de ceux qui seraient chargés

---

(a) On croit cette famille descendue de Guy Troussel, de la maison de Montlhéry. Elle a légué son nom à un ancien fief qui fait partie de la commune de Ris.

d'instruire la jeunesse à la piété et aux sciences libérales. (Delabarre, *Histoire de Corbeil*, p. 137).

E

EGOUT (de l'), section du nord. Ce nom n'a pas besoin de commentaire.

ENFER (d'), même section. Ce nom lui a été donné par opposition à celui de *Paradis*, porté par une rue contiguë, beaucoup plus viable. Comme elle est peu habitée, peut-être est-ce par crainte des voleurs, qui pourraient y détrousser les passants, qu'elle a été ainsi appelée.

ETUVES (des), section du nord. La proximité du fleuve avait nécessairement fait établir des *étuves* dans la rue qui porte ce nom, dans le temps où la cour et les grands fréquentaient Corbeil.

L'usage des étuves était anciennement aussi commun en France, même parmi le peuple, qu'il l'est et l'a toujours été dans la Grèce et dans l'Asie; on y allait presque tous les jours.

Le pape Adrien Ier recommandait au clergé de chaque paroisse d'aller se baigner processionnellement, tous les jeudis, en chantant des psaumes. Il paraît que sous Louis XI il était d'usage que les personnes priées à dîner ou à souper étaient en même temps invitées à se baigner. La cérémonie du bain était une de celles qu'on observait le plus exactement à la réception d'un chevalier. Il y avait en Angleterre un ordre des chevaliers du Bain. Peu à peu, la *lèpre* devenant plus rare, on perdit l'usage des bains, si nécessaire à la santé. C'est en 1569 qu'on fixe la destruction de ces établissements en France.

Il y avait tout à côté des étuves de Corbeil un jeu de paume où les baigneurs s'exerçaient avant de se mettre au bain.

F

FAYETTE (de la), section de l'ouest. *Voyez* ABATTOIR. Nous voudrions voir substituer à ce nom, honorable sans doute, mais inconnu dans nos annales, celui d'un savant du dernier siècle, M. Vauvilliers, dont nous parlerons bientôt plus longuement.

FOSSÉS (des), section du sud. Cette rue borde la partie méridionale des anciens murs de la ville, baignés comme autrefois par une dérivation de la rivière de Juisne.

FOURS-A-CHAUX (des), section du nord. On y voit encore les restes de plusieurs fours destinés jadis à cuire la pierre à chaux. Ils sont depuis longtemps abandonnés.

G

GAZ (du), section de l'ouest. Cette rue n'existe qu'en tracé. Un gazomètre, construit en 1841 pour pourvoir à l'éclairage de la gare du chemin de fer, a fourni son nom à cette rue.

GRAND-PIGNON (du), section de l'ouest. C'est nécessairement le galbe d'une ancienne maison de cette rue qui aura donné lieu à l'adoption de ce nom.

Les dames religieuses de la congrégation de Notre-Dame, chargées de l'instruction des jeunes filles, dont l'établissement était là où est de nos jours l'Hôtel-Dieu, payaient une rente annuelle de *quarante sols,* sur une maison par elles acquise en cette rue, de la succession de Louis Couard, le 22 octobre 1660. C'est par un pont jeté sur la rue de l'Hospice que la communication s'établit entre leur couvent et cet appendice.

GRANGES (des), section du nord. Cette rue est contiguë à celle des Boulangers; c'est là nécessairement que les gens de cette profession engrangeaient le bois employé au chauffage de leurs fours. Il y existe encore un certain nombre de granges.

GUINGUETTE (de la), même section. Cette rue aboutit d'un côté sur le quai de la Pêcherie, de l'autre au pied d'un coteau que gravissent incessamment les mariniers, jusqu'à une certaine hauteur, pour connaître l'arrivée des bateaux qu'ils sont chargés de diriger sous les arches du pont. Il est probable que son nom lui est venu d'une *buvette* fréquentée par ceux-ci.

H

HALLE (Place de la), section de l'ouest. On l'appela originairement place des *Récollets,* parce que l'entrée de la maison de ces pères occupait la partie ouest. Ceci ne remonte qu'à l'an 1637, époque de leur établissement dans notre ville. Jusque-là ce terrain avait été sans destination. En 1784, l'architecte *Viel* fut chargé, par l'administration des hospices de Paris, d'y construire le monument auquel elle a emprunté son nom actuel. Cet édifice présente un rectangle de 152 pieds de long sur 44 de large; il est divisé en deux nefs; l'escalier des étages supérieurs est au centre. Cette halle peut contenir 7,000 quintaux métriques de blé. En 1814, on donna à cette place le nom de *Royale*, qu'elle a conservé jusqu'aux événements de 1848. C'est en 1815 qu'on l'a plantée d'un quinconce de tilleuls.

HOSPICE (Rue et Port de l'), section de l'ouest. Elle porta originairement le nom du *Petit-Saint-Jean-de-l'Ermitage*, puis celui des *Religieuses*; voici la raison de ces divers changements. Sur l'emplacement même de l'hospice, vers 1040, Nantier, vicomte de Corbeil, fonda un prieuré, auquel on donna le nom du Petit-Saint-Jean-de-l'Ermitage, pour le distinguer de celui de Saint-Jean-en-l'Isle. Les religieux des Fossés, qu'il y avait appelés, furent remplacés en 1530 par des frères de la Charité de Notre-Dame, et ceux-ci, bientôt après, par le clergé de la collégiale de ce nom. La réunion de ce chapitre s'étant opérée à celui de Saint-Spire, en 1601, cet ancien prieuré fut cédé, en 1642, aux filles de la congrégation de Notre-Dame, appelées à Corbeil pour faire l'éducation gratuite des jeunes filles. Cette maison a été supprimée à l'époque de la révolution (*a*). On a établi l'hospice dans ce local en 1797, époque où on détruisit l'ancien Hôtel-Dieu, l'anditoire de la prévôté et les prisons, pour rendre plus vaste la place où se tient le marché. Des sœurs, dites de Saint-Vincent-de-Paul, dirigent cette maison ; elles méritent les plus grands éloges. En 1822, deux autres sœurs du même ordre leur furent adjointes pour tenir des classes ; des raisons toutes politiques les ont fait supprimer en 1830. La chapelle, monument du XIIe siècle, a été rendue au culte en 1825.

Suivant la tradition, dans une des maisons de cette rue est né, au XIIe siècle, *Guillaume*, fils de Baudouin de

---

(*a*) Ces religieuses se retirèrent d'abord à Boissy-sous-Saint-Yon, près Arpajon, avant de se fixer à Montlhéry et à Versailles. Elles furent protégées, à leur départ de Corbeil, par un officier municipal, homme de bien, M. Lhermite, qui avait une fille parmi elles.

Corbeil et d'Eustache de Châtillon. Delabarre (*Histoire de Corbeil*, p. 85, 89) raconte naïvement que, depuis, aucune femme ne put mettre son fruit au monde dans la même maison. Ce personnage se destina à l'état ecclésiastique, et fut successivement chanoine des églises cathédrales de Paris et de Soissons, religieux de Grammont et de Cîteaux, et abbé en Danemark. Il est mort archevêque de Bourges (12 janvier 1209), et a été canonisé en 1224. Ses restes ont été brûlés par les calvinistes en 1562. La mémoire de ce prélat a été en telle vénération, qu'en l'université de Paris la nation de France l'avait pris pour patron (Pallet, *Histoire du Berri*, tome IV, p. 97). On prétend qu'à une époque de sa vie Guillaume se retira dans une île de la vallée d'Essonnes, formée par la Juisne, et que c'est pour cela qu'elle est appelée *Saint-Guillaume-des-Vaux* (a). L'historien de Corbeil (p. 19) marque que de son temps on y voyait encore les masures de cet ermitage. M. Brial, de l'Institut, l'un des membres de cette compagnie chargés de continuer l'histoire littéraire de la France, pense que ce prélat naquit à Saint-Germain, près de Crespy-en-Valois. Il fut un des négociateurs du mariage de la princesse Isburge de Danemark avec Philippe-Auguste. On sait que l'infortunée reine se retira à Corbeil, et qu'elle y mourut en 1223.

Le port dit de l'Hospice n'est autre chose qu'un lavoir public, sur la Juisne, qui n'est pas même voisin de cet établissement. Il a été question ces années dernières de le supprimer, ainsi que celui de Saint-Gilles, placé en regard, pour établir au même endroit une passerelle de communication entre le marché et le cloître Saint-Spire.

(a) MM. Bertin frères, fondateurs du *Journal des Débats*, portent le surnom de *Vaux* ; ils l'ont pris de cette vallée, où ils possèdent une vaste prairie, du chef de leur mère (mademoiselle Leduc), dont le père était maître de poste à Essonnes.

I

INSTRUCTION (Quai de l'), section du sud. Il portait, avant la révolution, le nom de l'apôtre saint Laurent. C'est sur ce quai que se trouve la principale façade de l'ancien collége, fondé par Jacques Bourgoin. C'est sans doute en mémoire de ce bienfait que ce nom lui aura été donné. La maison est, d'ailleurs, consacrée à l'éducation élémentaire.

Nous aurions préféré qu'on donnât à ce quai le nom de Delabarre, historien de la cité, dont rien ne rappelle le souvenir à Corbeil. C'est un oubli impardonnable (a).

J

JUIVERIE (de la), section du sud. Des gens de cette na-

(a) On sait peu de chose de l'auteur des *Antiquités de Corbeil*. L'épigraphe de son livre semble annoncer que si Corbeil n'était pas sa patrie, il l'avait du moins adopté pour telle, et que, suivant la pensée de Plutarque, en parlant de la petite ville où ce philosophe était né, « *pour l'empêcher d'être plus petite, il voulait s'y tenir.* » On ne voit pas cependant qu'il ait effectué ce désir. la mort de son Mécène et les troubles de la France, au temps où il le perdit (M. de Villeroy est mort à Rouen, le 12 décembre 1614), lui firent tomber la plume de la main, et quitter sa prévôté, après dix-sept années d'exercice, ainsi que le pays, dont les intérêts, néanmoins, lui furent toujours chers, puisque ce ne fut qu'assez longtemps après sa retraite qu'il fit imprimer son ouvrage (in-4º, 1647), par des artistes natifs de l'endroit (Nicolas et Jean de la Coste). Il eût bien désiré le voir exécuter sur les lieux, ainsi que nous l'avons fait nous-même pour les notices que nous avons précédemment publiées sur cette localité.

Jean Delabarre était d'origine normande. Il se retira à Paris en quittant Corbeil, et mourut dans cette ville en 1649, dans la paroisse Saint-Leu. Ses restes ont été inhumés dans le cimetière des Saints-Innocents.

tion l'habitaient au XII⁰ siècle ; ils y avaient certainement une synagogue, ainsi que cela était à Paris. Melun avait la sienne dès le règne de Louis le Jeune. Ils avaient de plus une école ou espèce d'université dans cette ville (Rouillard, *Histoire de Melun*, p. 352). On sait que, devenu l'horreur de toutes les nations au moyen âge, le peuple juif fut le jouet de la politique des princes. Chassés sept fois de la France, où leurs richesses étaient leur seul crime, ils n'y rentrèrent que pour en être totalement expulsés, sous Charles VI, en 1394. De nos jours, leur émancipation a été décrétée.

M

MARCHÉ (rue et place du), section du sud. Avant la révolution, cette place était extrêmement exiguë, n'étant alors formée que du carrefour des trois rues qui y aboutissent ; on l'appelait, dans ce temps, place Notre-Dame, à cause du voisinage de l'église de ce nom. L'emplacement actuel du marché était couvert de constructions : c'étaient l'Hôtel-Dieu, l'Auditoire de la justice de la prévôté et ses prisons (a). Ces bâtiments ont été détruits à la fin du dernier siècle. Un habitant de Corbeil composa à cette époque un petit *poëme* fort plaisant sur une grande querelle au sujet de cette place. L'auteur voulait que le marché se tînt sur les deux rives du fleuve pour la commodité de tous. La place du Marché a été encore agrandie en 1847. Elle doit bientôt l'être encore par la destruction de plusieurs maisons formant la partie gauche de la rue de l'Hospice.

(a) Le fameux voleur *Paul Haillier*, arrêté dans les environs de Corbeil, y fut incarcéré, et de là transféré dans les prisons du Châtelet, à Paris, le 11 mars 1786. Il en sortit pour être conduit au pilori.

L'hôtel de ville, construction sans importance, se trouve sur cette place. La municipalité s'y est installée en 1805. On doit incessamment le reconstruire et l'isoler de toutes parts.

La rue du Marché, ouverte en 1847, à travers les bâtiments et jardins dépendants de l'Hôtel-Dieu, passe exactement derrière l'hôtel de ville.

MARINES (des), section du nord. On a établi à son extrémité une sorte de port où sont amenés les bateaux plats appelés *toues*, qui servent au transport des charbons de terre; c'est là qu'ils sont déchirés. C'est là encore que la marine réunit ses bateaux dans les grandes crues de la Seine, ou lorsque ce fleuve est couvert de glaces, pour les mettre à l'abri des avaries.

Les jardins qui terminent cette rue du côté de la Seine n'étaient, en 1792, qu'une prairie appelée le *Champ du Tremblay*, des trembles plantés autrefois en abondance dans le voisinage. C'est là que depuis 1317 le chapitre de Saint-Spire venait chaque an le 5e dimanche après Pâques, faire la station des reliques des patrons de Corbeil, conservées dans cette église depuis le IXe siècle. Trois crédences rustiques recevaient les châsses pendant la prédication. Un arbre du salut était également dressé dans ce champ. Le clergé y revenait le dimanche suivant avec d'autres reliques, prises à Saint-Spire et dans les autres églises de la ville (*a*).

Dans cette rue se trouve une propriété connue sous le nom du *Petit-Tremblay*, nom évidemment emprunté au *grand*, qui lui est contigu. Au XVIIe siècle, ce domaine n'était encore qu'une métairie, où l'abbesse d'Hierre avait droit de censive. Cette maison de plaisance a été habitée par

(*a*) Le double tableau de ce pieux spectacle a été gravé, en 1789, par Eustache Lépiné. Rien n'y a été omis, tout y parle.

un prélat qu'on révérait à Troyes, et par des hommes dont les noms rappellent des talents ou des vertus : Poncet de la Rivière; Cousin; le Bastier; *Jacques-Martin Bouillerot*, docteur de Sorbonne et curé de la paroisse Saint-Jacques depuis 1725, décédé dans cette maison le 2 novembre 1772. *Malézieux*, qui joua un si grand rôle à la cour de Louis XV, en fut ensuite propriétaire. De nos jours elle a appartenu à la veuve du général comte *Lefebvre-Desnouettes*, dont la fin a été si malheureuse (a).

Un romancier du pays (b), *Charles-Benjamin Lebastier*, né à Paris, où il est mort à l'âge de 39 ans, le 21 décembre 1796, a écrit *Dorbeuil et Céliane de Valran*; il a peint dans ce livre les fureurs révolutionnaires, et chanté ses propres amours. L'héroïne de ce roman est placée dans cette maison (c).

MONTAGNE-SAINT-GERMAIN (de la), section du nord. C'est la route départementale au moyen de laquelle les deux routes de Lyon, l'une par le Bourbonnais, l'autre par la Bourgogne, communiquent entre elles.

MOTHE (de la), section du nord. Les tables chronologi-

(a) Né à Paris, le 14 décembre 1775; il était fils d'un marchand de draps de cette ville. Il obtint tous ses grades sur les champs de bataille. Compris dans l'ordonnance royale du 24 juillet 1815, il passa en Amérique. Le bâtiment qui l'amenait des États-Unis en Belgique échoua sur les côtes d'Irlande, le 22 avril 1822. Desnouettes périt dans ce naufrage.

(b) Nous pourrions également donner ce titre à M. Léon Gozlan, auteur de plusieurs romans et pièces de théâtre qui ne sont pas sans mérite. Il a écrit quelques pages des uns et des autres à Corbeil, qu'il fréquente depuis de longues années.

(c) La bibliothèque municipale en possède un exemplaire; un autre est notre propriété. Il nous en coûte de dire que c'est une œuvre sans pudeur. Le temps seul où ce roman a été écrit peut servir d'excuse à l'auteur.

ques de 1688 parlent d'un fief de la Mothe, sis à Corbeil, vers la Brie, comme étant uni au duché de Villeroy. L'abbé Lebeuf, qui nous l'apprend (*Histoire du Diocèse de Paris*, tome XI, p. 227), ajoute : « On lit, dans un mémoire, que là se tenaient, chaque année, les assises du duc de Villeroy, seigneur engagiste de l'ancien comté de Corbeil, aux environs de la Pentecôte, pour le droit de pêche dans la Seine ; et que les pêcheurs, depuis Melun jusqu'à Villeneuve-Saint-Georges, y étaient mandés.

N

NOTRE-DAME (Rue et rue Neuve-), section de l'ouest. C'est le nom d'une ancienne église collégiale fondée au XIe siècle, dont le chapitre a été réuni à celui de Saint-Spire en 1601 ; elle devint alors église paroissiale en remplacement de celle Saint-Nicolas, située *extra-muros*, détruite dans ce temps parce qu'elle commandait les murailles de la ville. L'église Notre-Dame, enlevée au culte en 1791, a été détruite en 1820. C'était le plus somptueux monument religieux de Corbeil. Les formes de sa construction n'étaient pas exemptes de défauts ; mais les riches sculptures de son portail offraient une représentation complète du jugement dernier. Celles des chapiteaux de l'intérieur présentaient une exécution bizarre, dont l'originalité était de nature à intéresser les amis des arts et de l'archéologie. Des considérations fiscales ont engagé la fabrique de l'église Saint-Spire à obtenir l'autorisation de l'aliéner. Elle ne servait plus, il est vrai, qu'à abriter des bateleurs et à remiser les voitures des habitants de la campagne qui apportent leurs denrées sur le marché de la ville. Nous avons donné la monographie de ce monument dans la *Revue Ar-*

héologique (2ᵉ année, 1ʳᵉ partie, p. 165; et 2ᵉ partie, p. 643).

Dans cette rue a existé l'hôtel dit des *Créneaux*. Il a fait place à une habitation bourgeoise. Ce nom lui venait du voisinage d'un bastion triangulaire tout voisin, dont le pied était baigné par la Seine. Ce reste de fortification a disparu lors de l'établissement du quai Bourgoin, en 1840.

Une chétive maison de cette rue est élevée sur des caves remarquables par leur belle construction. On rapporte que ce sont les anciens celliers du prieuré Saint-Guenault.

La rue *Neuve-Notre-Dame* a été ouverte en 1822, dans l'axe même de la nef de cette église.

Pourquoi deux rues Notre-Dame? Il fallait conserver ce nom à cette dernière, et donner à la première le nom d'une illustration du pays. Deux maisons de la partie gauche de cette rue, l'une située vers le milieu, l'autre à l'extrémité, ont vu naître deux hommes distingués : Lasaudade (*a*) dans cette dernière, Mauzaisse (*b*) dans l'autre.

(*a*) Charles-François Lasaudade, fils d'un médecin, naquit à Corbeil, le 18 juillet 1742, et mourut à Paris, le 10 novembre 1824. Il était conseiller à la cour de cassation et officier de la Légion d'honneur. C'était un magistrat des plus distingués par ses lumières, son expérience et son austère probité. Il est mort célibataire. On a son buste en marbre blanc.

(*b*) Jean-Baptiste Mauzaisse, né à Corbeil, le 1ᵉʳ novembre 1784, est mort à Paris, le 15 novembre 1844. Il crayonnait, enfant, avec un morceau de charbon, sur tous les murs de la ville. A 14 ans, il entra comme élève chez Vincent. Enthousiaste pour son art, et peu confiant pour son talent, il ne chercha pas et négligea même souvent la protection et l'amitié des grands. Aussi ne fit il pas fortune. Mauzaisse a rempli une carrière sinon éclatante, du moins laborieuse et honorable. Il a travaillé à plusieurs des œuvres de Gros. Son premier tableau, exposé au salon de 1812, *l'Arabe du désert pleurant son coursier*, eut beaucoup de succès. Son *Arioste arrêté par des brigands* a les honneurs du Louvre. Mauzaisse était chevalier de la Légion d'honneur. Son portrait a été lithographié. Il est fort rare.

O

OBERKAMPF, section de l'ouest. Cette rue portait encore, il y a peu d'années, le nom du *Pont-de-la-Colle*, qui était celui d'une fabrique de colle forte, située dans le voisinage au dernier siècle. Son nom actuel est celui d'un de ces hommes rares doués par la nature d'un génie et d'une activité infatigables. La France a perdu M. Oberkampf, le 4 octobre 1815 ; il était âgé de 78 ans. Jamais vie ne fut plus remplie d'utiles travaux et de bonnes actions. Avec de faibles ressources, il sut faire de grandes choses. Il établit le premier en France la fabrication des toiles peintes, et y perfectionna la filature du coton. Toute l'Europe connaissait alors les produits des manufactures de Jouy et d'Essonnes, fondées par lui. Cette dernière est seule en activité. Il était juste que son nom fût porté par la rue qui longe les fabriques dont il a été le fondateur, pour le transmettre aux générations futures.

OMBRERIE, et il y a peu d'années *Orberie* (de l'), section du sud. Il y a à Paris une rue *Bout-de-Brie*, dont le nom a souvent varié : il pourrait bien avoir la même origine. Le marché Neuf, en la Cité, s'appelait autrefois rue de l'*Herberie*, et plus anciennement de l'*Orberie*. On sait que la nôtre aboutit sur le marché de la ville; et Ducange, dans son *Glossaire*, au mot *Orbus vicus*, dit que le mot *Orberie* signifie une place. Il faudrait donc le lui restituer. Ne pourrait-on pas dire aussi qu'il faut lire **Hors-Brie**, parce que le pont jeté en cet endroit sur la Seine conduit dans l'ancienne province de ce nom, laquelle borde la rive droite du fleuve ?

P

PARADIS (du), section du nord. Ainsi nommée par opposition à celle d'Enfer qui lui est contiguë. Les chevaliers du Temple ont eu des biens en ce quartier ; lors de la suppression de cet ordre (1314), ils furent adjugés aux hospitaliers de Saint-Jean-de-Jérusalem. Ces derniers ont bien pu être les parrains de ces deux rues.

PÊCHERIE (Rue et port de la), section du nord. L'un et l'autre sont habités et fréquentés par la marine, nombreuse à Corbeil. Ce nom doit remonter à une époque fort ancienne : il y a certainement toujours eu à Corbeil des gens de cette profession. Cette partie de la ville est submergée toutes les fois que la Seine sort de son lit. On a marqué le niveau que les eaux y atteignirent en 1802. Des arbres ont été récemment plantés dans toute la longueur du port. A son extrémité se trouvent plusieurs clos que nous avons vu ne former qu'une *prairie* appelée fort anciennement le *Champ-Dieu* : elle appartenait sans doute, à cette époque, à quelque communauté religieuse. En dernier lieu on l'appelait le *pré Darbonne* : c'est le nom d'une ancienne famille de Corbeil, dont il fut longtemps la propriété ; elle s'est éteinte de nos jours.

PETIT-BERCY (du). *Voyez* Bercy.

PETITS-PONTS (des), section de l'ouest ; autrefois des *Récollets*, lorsque la grille du couvent de ces pères lui faisait face. Son nom lui a été donné en 1791, époque de la construction d'un second pont sur le canal alors destiné à réunir les eaux de la Loire à celles de la Seine. Le plus ancien était originairement un pont-levis ; il précédait une porte dite la porte Royale. En 1829, il avait été élargi ; on l'a reconstruit en 1851. Il avait alors trois arches, et ne se compose actuellement que d'une seule.

PONT (du), section du nord. Cette rue est ouverte dans l'axe du pont jeté sur la Seine. Il a dû être originairement en bois; celui actuel date du règne de Louis XIII. Rousseau père et fils, natifs de Corbeil, avaient sculpté l'écusson aux armes de France qui surmontait la principale arche. Deux arches de ce pont furent rompues durant les guerres de la Ligue, ce qui nécessita sa reconstruction. Le 30 mars 1814, l'invasion étrangère fit détruire deux arches de ce nouveau pont : elles furent rétablies en bois ; rompues de nouveau en 1815, leur restauration suivit de près. En 1840, on a abaissé le tablier de ce pont, et établi des trottoirs en saillie dans toute sa longueur.

Le 1ᵉʳ janvier 1802, une crue considérable de la Seine amena l'écroulement des deux arches de ce pont les plus rapprochées des faubourgs et des restes d'une forteresse jadis considérable, dont la principale tour était appelée le *Hourdy*. Cette forteresse, élevée au moyen âge pour arrêter les courses des Normands, défendait le pont et précédait la rue qui porte son nom. Il en reste la pierre du témoignage dans le mur de face d'une des maisons de cette rue. Les fossés qui l'environnaient étaient baignés par la Seine. Ils sont, depuis un grand nombre d'années, comblés et bâtis. On a ménagé sous cette partie de la ville un canal voûté, destiné à la décharge des eaux de la Seine dans les débordements.

PORTE-PARIS (Quai et port de la) ou de l'*Apport-Paris*. C'est là que se font les chargements de farines et autres denrées pour la capitale. Son nom lui vient d'une porte de ville, qui ne subsiste plus, et fut appelée *Royale* tant que nos rois vinrent résider dans notre cité; elle prit ensuite celui de *Porte de Paris*, parce qu'elle conduisait sur le chemin de la capitale.

On trouve sur ce quai un vaste magasin à sept étages ; il a été construit par les ordres de l'abbé Terray, en 1767, pour recevoir la réserve des grains et farines destinés à l'approvisionnement de Paris. On y peut placer 45,000 quintaux métriques de grains. La direction de cet établissement fut confiée, au commencement de la révolution, à Louis-Antoine Vauvilliers-Lacroix-Morlot. Le savant professeur de ce nom (a) vint souvent y visiter son frère. Nous lisons dans les *Ephémérides de Noel* (juillet, p. 236), touchant ce dernier : « On ne vit pas sans étonnement un homme qui jusqu'alors ne s'était occupé que d'études sédentaires se charger de l'administration des subsistances de Paris. L'étonnement augmenta et fit place à l'admiration quand on vit cet homme déployer dans cette nouvelle carrière des talents extraordinaires, bannir la disette, approvisionner les marchés, et faire baisser presque subitement le prix des grains. Il n'avait pas moins besoin de courage que de talent ; plusieurs fois il se trouva exposé à l'aveugle fureur du peuple, et sut le calmer par son éloquence et sa fermeté. Des services si importants furent mal

---

(a) Jean-François Vauvilliers, né à Noyers, professa à Paris, pendant 24 ans, avec une réputation méritée. Son *Essai sur Pindare* et son *Examen du Gouvernement de Sparte* lui assignèrent un rang distingué dans la littérature, et lui ouvrirent les portes de l'Académie des inscriptions et belles-lettres, en 1782. Effrayé du danger que courait la religion, il fit paraître, en 1791, une brochure ayant pour titre : *Témoignage de la raison et de la foi contre la constitution civile du clergé*. Cet opuscule lui fit beaucoup d'ennemis ; il fut alors chassé du collége de France, poursuivi dans sa retraite, et mis en prison. Après avoir recouvré sa liberté, il se retira à la campagne, d'où il fut appelé par le ministre Benezech, pour administrer les subsistances. Impliqué bientôt dans une conspiration, il fut arrêté de nouveau ; deux jurys d'accusation et un conseil de guerre le déclarèrent innocent. Vauvilliers fut depuis compris dans la proscription du 18 fructidor an v ; il passa alors en Russie, où il est mort le 23 juillet 1801, à l'âge de 64 ans.

récompensés. » On devine facilement que ce fut lui qui plaça son frère à la tête des magasins de Corbeil.

Cet établissement fut vendu, comme *propriété nationale*, à un sieur Robert, qui le revendit en 1803 au munitionnaire Vanlerberghe (a); et la famille de celui-ci à M. Aimé Darblay, d'Etampes, qui lui a conservé son ancienne destination. Au pied de cet édifice coule la Juisne ; elle imprime le mouvement à six moulins à farine faisant partie de cette propriété ainsi qu'une huilerie de colza mue par la vapeur.

Napoléon, accompagné de l'impératrice Joséphine, vint visiter les magasins de Corbeil, le 21 septembre 1806, à l'effet de se rendre compte des céréales que renfermaient ces principaux greniers de Paris. Ce fut la seule fois qu'on le vit dans nos murs.

POTERIE (de la), section du nord. On trouve aux environs de Corbeil beaucoup d'argile propre à la fabrication de la poterie. Peut-être ce commerce a-t-il été exercé autrefois dans notre ville sur une grande échelle.

On connaissait dans cette rue, au XVIe siècle, l'hôtellerie du grand et du petit *Lion d'argent* ; au XVIIIe, celui du *Vert galant*, qui prit ensuite le nom du *Panier fleuri*. C'est dans ce dernier que caserne actuellement la brigade de gendarmerie.

A l'extrémité de cette rue, adossée à la colline, on trouve les restes d'une ancienne église dédiée à *saint Jacques*. Une croix a été dressée là où se trouvait son péristyle. On vient chaque année, le cinquième dimanche après Pâques, faire en cet endroit la station des reliques de nos patrons. Elle se faisait autrefois au champ du Tremblay, ainsi que nous l'avons dit.

(a) Il est décédé à Paris, le 19 septembre 1818.

PRÊTRES (des), section de l'ouest. Le clergé de la collégiale, puis de la paroisse Notre-Dame, avait une maison commune dans cette rue. Il communiquait à cette église par une porte latérale ouverte pour cet usage. Ce passage est encore marqué par une impasse.

Q

QUARANTAINE (de la), section du sud. La proximité de la propriété ainsi nommée avec l'ancien cimetière Saint-Nicolas avait certainement fait établir en ce lieu un hôpital provisoire lors de l'épidémie de 1638 ; et c'est, il n'en faut pas douter, pour cette raison que ce nom a été donné à ce quartier, alors *extra-muros*. Le P. *Justin Mansion*, récollet de Corbeil, chargé alors d'administrer les secours spirituels aux malades, a été victime de son zèle. Un nom également cher à l'humanité, à la même époque, est celui du docteur *Duhamel*, qui se dévoua également au service des contagiés, et mérita si bien de la postérité. Des dames religieuses, dites des Oiseaux, établies à Paris, où elles se livrent à l'éducation des jeunes personnes, firent acquisition de la maison dite la Quarantaine, en 1828, et y établirent une succursale, qui fut supprimée à la fin de 1851.

Il est presque certain que la peste de 1418, qui fut si meurtrière à Paris, puisque, au rapport des chroniqueurs, il y mourut 50,000 personnes, s'est également fait sentir à Corbeil. A une seule messe des morts, on portait six et huit chefs de famille. L'épidémie de 1832 fit invasion à Corbeil les premiers jours d'avril, et y sévit près d'un mois. Une nouvelle invasion du choléra survint au mois de juillet suivant; elle porta le nombre des morts à environ 150. Nous avons eu pareil malheur à déplorer par suite de la réapparition de ce fléau au mois de juin 1849.

Lyon a eu aussi sa quarantaine pour les mêmes besoins.

Ce bâtiment, actuellement transformé en un dépôt de mendicité, est réuni à l'hospice dit de l'*Antiquaille*.

A l'extrémité du quai de la Quarantaine existait une maisonnette isolée à laquelle avait été donné le nom de *Château-Friteux*. Le bureau des pauvres, qui existait jadis au parvis Notre-Dame, à Paris, est désigné sous ce nom dans un état de l'Hôtel-Dieu de cette ville, dressé en 1651.

QUATORZE-JUILLET (du), section du nord. Nous l'avons connue sous le nom de la *Déguide*. Ce nom était certainement altéré, puisque l'abbé Lebeuf (*Histoire du Diocèse de Paris*, tome XI, p. 227) l'écrit *Deguste* : ce qui ne nous avance pas davantage quant à son étymologie. Au XIIe siècle, l'abbaye Saint-Maur-des-Fossés avait droit de justice sur cette portion du territoire du Vieux-Corbeil. Le nom actuel de cette rue rappelle la date de la prise de la Bastille ; il lui fut donné immédiatement. Elle cessa de le porter au commencement du siècle, et l'a repris après les événements de février 1848.

Laharpe, fuyant la persécution, trouva un asile dans la maison des demoiselles Bezard, qui habitaient cette rue. Ce philosophe, proscrit peu après, fut assez heureux pour obtenir de résider à Corbeil, où il fut accueilli par les mêmes personnes. Nos murs le virent pour la dernière fois le 28 février 1802.

QUEUE-DU-RENARD (de la), section de l'ouest. Cette rue fait suite à celle des Rosiers. C'est bien certainement à sa forme bizarre qu'elle doit son nom non moins original ; peut-être aussi à ce triste épisode des guerres de religion que nous a conservé le procureur Houdry dans ses *Mémoires*.

R

REMPARTS (des), même section que la précédente. Nous l'avons connue portant le nom de l'*Archet*, autrefois celui d'un fief qui était dans la mouvance de la terre de Saintry : de même que l'*Archet*, à Boucournu, sur le territoire de Lisses, et l'*Archet*, à Evry-sur-Seine. Son nom actuel lui convient parfaitement : son parcours se fait exactement sur les anciens remparts de la ville, baignés, dans toute cette ligne, par les eaux de la Juisne.

Archeverus de Corbelio, chevalier, passa, en 1248, un compromis concernant une maison située dans Corbeil, habitée alors par *Alix* ou *Alesia*, bourgeoise de Corbeil, mère de Regnault, mort évêque de Paris. Cette dame décéda en 1261, trois ans après son fils, et reçut la sépulture dans la collégiale Saint-Spire.

ROSIERS (des), section de l'ouest. Peut-être était-ce le nom d'un fief ou d'un arrière-fief. Il y en avait un de ce nom à Paris ; il fut donné à la Sorbonne, en 1284, par l'évêque qui en occupait alors le siége. Dans la suite, il a été réuni de nouveau à la mense archiépiscopale. Serait-ce plutôt parce que cette rue aurait été ouverte à travers des jardins ?

S

SABOTS (Rue et port des), section du nord. Si cette rue était large et habitée, nous dirions qu'elle dut son nom à l'enseigne d'une hôtellerie. Il faut plutôt supposer que l'usage de la chaussure ainsi appelée a toujours été nécessaire pour pratiquer cette ruelle habituellement remplie d'ordures, et que c'est pour cela que ce nom lui a été donné. Il n'en peut être de même pour le port sur la Seine ; cependant, nous doutons qu'il le doive au commerce des sabots, parce que ceux qui se portent à Corbeil sont tirés du dehors.

SAINT-GILLES (port), section du sud. Il a retenu ce

nom d'une chapelle détruite à la fin du dernier siècle, dont le patron primitif fut *saint Leu*, évêque de Bayeux. On le confondit avec l'évêque de Sens du même nom, dont la fête arrive le 1ᵉʳ septembre ; et comme ce saint a *saint Gilles* pour compagnon, le même jour, le nom de ce dernier finit par être seul adopté.

SAINT-GUENAULT (Rue), section du sud. C'était encore un port avant la construction du quai Bourgoin. Cette rue longe l'ancienne église prieurale dont elle porte le nom, convertie en maison de détention en 1797 ; elle a été ouverte sur l'ancien cimetière de la paroisse annexée à ce prieuré, à l'entrée duquel on lisait cette inscription :

> Si nondùm æternæ portum tetigere salutis
> Hàc in humo quorum corpora mixta jacent,
> Vicinum qui flumen adis, pia fundere verba
> Sis memor, optatis ut potiantur aquis.

TRADUCTION.

> Si ceux qu'ici la terre enferme en ses entrailles
> Sont encor loin du port du salut éternel,
> Vous qu'attirent les eaux qui baignent ces murailles,
> Pensez à présenter des vœux à l'Immortel,
> Pour leur ouvrir enfin la céleste patrie
> Et les désaltérer aux sources de la vie.

Le port Saint-Guenault, bien que sans végétation, rappelait ce pré où, en la présence du roi saint Louis, eut lieu la dispute ou plutôt la conversation naïve et morale de deux savants de ce siècle, le sire de Joinville et Robert de Sorbonne ; et, comme c'est à peu près là que cette scène se passa, on nous saura gré de rapporter, comme le dit Delabarre (*Histoire de Corbeil*, p. 169), *les mesmes paroles du sieur de Joinville, qui, en leur patois, ont plus d'énergie que les plus belles pointes des bien disans de notre temps.* « Le roy fut un jour de Pentecoste à Corbeil, bien accompagné, où nous estions maistre Robert de Sorbon et moy; et le roy après disner descendit au pré dessous sa chapelle, et devant tous les autres ledit maistre Robert me prit par mon mantel, et me demanda, en la présence du roy et de toute la noble compagnie, sçavoir mon si le roy se seoit en ce pré, et vous allissiez asseoir en un banc plus haut que luy, si vous en seriez point à blasmer sauf l'honneur du roy et de vous, et je luy dits : Maistre Robert, je ne suis point à blasmer, sauf l'honneur du roy et de vous ; car l'habit que je porte, tel que le voyez, m'ont laissé mes père et mère, et ne l'ay point fait faire de mon authorité. Mais au contraire est de vous, dont vous estes bien fort à blasmer et reprendre; car vous qui estes fils de vilageois et vilageoise avez laissé l'habit de vos père et mère, et vous estes vestu de plus fin camelin que le roy n'est. Et lors je pris le pan de son surcot et de celuy du roy que je joignis l'un près de l'autre, et je lui dits : Or regarde si j'ay dit vray. Et adonc le roy entreprit de deffendre maistre Robert de paroles, et luy couvrir son honneur de tout son pouvoir, en nous monstrant la grande humilité qui estoit en luy, et qu'estant nécessité de demeurer à la cour, il estoit raisonnable qu'il fust honnestement habillé. Après ces choses, le bon roy appelle messeigneurs Philippes et aussi le roy Thibault, ses fils, et s'assist à l'huis de son oratoire, et mit la main à terre, et dit à sesdits fils : Séez vous icy près de moy qu'on ne vous voye. Ha, Sire ! firent-ils, pardonnez-nous, s'il vous plaist, il ne nous appartient mie de seoir si près de vous ; et il me dit : Sénéschal, séez-vous icy, et ainsi le fis-je, si près de luy, que ma robbe touchait à la sienne, et les fit seoir auprès de moy. Et adonc il dit : Grand mal avez fait quand vous, qui estes mes enfans, n'avez fait à la première fois ce que je vous ay commandé, et gardez que jamais il ne vous advienne ; et ils dirent que non feroient-ils. Et lors il me va dire qu'il nous avoit appellez pour se confesser à moy de ce qu'à tort il avoit deffendu et soutenu maistre Robert contre moy; mais, fit-il, je ne le fis pour ce que je le vis si très-esbahy qu'il avoit assez mestier que je le secourusse et luy aydasse, nonobstant que je ne le fis pas pour maistre Robert deffendre, et ne le croyez pas ainsi; car ainsi, comme le dit le séneschal, on se doit vestir bien honnestement, afin d'estre mieux aymé de sa femme, et aussi que vos gens vous en priseront plus. Et aussi, dit le Sage, que l'on se doit vestir en telle manière et porter selon son estat, que les preud'hommes du monde ne puissent dire il en fait trop, ni aussi les jeunes gens vous n'en faites pas assez. »

SAINT-JACQUES (Rue et port), section du nord. C'est le nom d'une église qui avait été bâtie par les templiers, au XIIIe siècle. Nous supposons que c'était un de ces domaines appelés du nom de *préceptoriales*, sur lesquels ces chevaliers étaient dans l'usage de construire une église et les bâtiments nécessaires à l'habitation des frères qui y devaient résider, et étaient chargés de percevoir les rentes des fermiers auxquels se louaient les terres. La tradition est qu'ils reçurent cette église en don, de Marguerite de la Grange, en 1270. Après l'extinction de cet ordre fameux, cette église devint succursale de celle de Saint-Germain-le-Vieux-Corbeil; on évita ainsi aux habitants de ce faubourg une course longue et pénible. Cet édifice consistait en deux nefs; il avait beaucoup d'analogie avec l'ancien réfectoire de l'abbaye Saint-Martin-des-Champs, à Paris. On en voit encore les ruines. Sa destruction remonte à l'année 1803.

SAINT-JEAN (Avenue de), section de l'ouest. Il est présumable que cette avenue a été fort anciennement créée par les chevaliers de Malte; elle reliait la commanderie à la cité, et porte le nom du patron de leur église. Nous avons vu détruire les ormes séculaires dont elle était plantée. Ils ont été remplacés, en 1831, par des tilleuls qui n'offrent encore aux promeneurs que l'espoir de l'ombrage. Cette avenue a été prolongée jusqu'à la rue des Petites-Bordes, en 1837. Avant cette époque, il fallait la deviner, et l'accès, de ce côté, n'en était pas facile dans la mauvaise saison.

SAINT-LAURENT (Port), section du sud. Il portait le nom de cet apôtre dès le XVIIe siècle (Delabarre, *Histoire de Corbeil*, p. 11). Nous ne sachions pas que ce saint ait jamais eu un autel sous son invocation dans aucune de nos églises.

SAINT-LÉONARD (Rue, ruelle et place), section du nord. Cet apôtre du Limousin est encore titulaire d'une ancienne église, dont la structure annonce le XIIIe siècle. Avant la révolution, elle était succursale de Saint-Pierre-du-Perray.

Il existait dans cette rue, dès le IXe siècle, un oratoire dont on voit encore les restes. C'est là que furent déposées les reliques de saint Guenault, lorsque le comte Haimon les tira du village de Courcouronnes, où elles avaient été portées pour les soustraire aux ravages des Normands. Au XIIIe siècle, cet oratoire était connu sous le nom de *capella sancti Winaïli* (l'abbé Lebeuf, *Histoire du Diocèse de Paris*, tome XIII, p. 133). Une preuve qu'elle était différente du prieuré du même nom, situé dans la ville, c'est que dans le *Pouillé*, écrit sous saint Louis, elle se trouve inscrite parmi les églises appartenant à l'abbaye de Saint-Victor-lès-Paris.

SAINT-NICOLAS (Rue), section du sud. Cette rue a été ouverte en 1842, sur l'emplacement de l'ancien cimetière de ce nom. Là existait, au XVIe siècle, une église sous l'invocation de l'évêque de Myre; elle était succursale d'Essonnes. Après la destruction de cet édifice, le cimetière qui l'entourait devint celui de la paroisse **Notre-Dame**. Lors de la réunion des paroisses, en 1792, ce champ du repos est resté le seul consacré à la sépulture des habitants de Corbeil. Il a été interdit en 1832, et transféré dans la plaine des Tarterets.

Sa situation entre la Seine et le grand chemin avait donné lieu à des pensées morales qui étaient exprimées en vers latins et français gravés sur deux tables de pierre. Cette double inscription avait été attachée aux piliers de la porte d'entrée, le 17 octobre 1785. Nous croyons faire plaisir en les rapportant ici :

Inter aquas et iter tumulata cadavera fœno
   Quàm sit vita brevis quàm fragilisque docent :
More viæ calcabimur : ibimus instar et undæ ;
   Et fœno similes nascimur et morimur.
Crux hic ipsa cadet : Deus et crucis usque manebit,
   Ad vitam cujus nos revocabit amor.

TRADUCTION.

Entre le cours du fleuve et le bord du chemin,
Cette foule de morts sous l'herbe ensevelie
Sur la fragilité de notre courte vie
Nous éclaire et nous dit quel est notre destin.
Être foulés aux pieds, ainsi que ce passage ;
Comme l'onde qui fuit, disparaître et périr (a) ;
Avec cette herbe éclore, avec elle mourir :
De notre sort, mortels, voici la triste image.
Cette croix même ici, comme nous, finira ;
Mais le Dieu qui pour nous dans ses bras expira
Ne passera jamais, et sa main paternelle
Doit nous conduire un jour à la vie éternelle.

SAINT-SPIRE (Rue, rue du Cloître et Cloître), section

(a) Fontanes a dit (*le Jour des Morts à la campagne*) :
Non loin s'égare un fleuve, et mon âme attendrie
Voit, dans le double aspect des tombes et des flots,
L'éternel mouvement et l'éternel repos.

du sud. On comprend que le nom du patron de Corbeil ait été donné à toutes les issues qui avoisinent l'église placée sous son invocation. Il ne reste plus rien de l'édifice construit au Xe siècle; celui actuel a été édifié en différents temps, à la suite de beaucoup d'épreuves. Nous en préparons la monographie, ainsi que celle des autres églises de notre cité. Disons, prématurément, que la forme de ce monument est celle d'une croix latine, et que, suivant une coutume fort ancienne, on a dirigé son axe d'orient en occident, pour indiquer de quel côté est venu le Sauveur des hommes. Cette église est la seule paroisse de la ville.

C'est à Bouchard II, comte de Corbeil, qu'est due l'origine du cloître Saint-Spire, vers l'an 1070 (Delabarre, *Histoire de Corbeil*, p. 92). A cette époque cette église était collégiale: il était donc bien de réunir son clergé alentour. L'usage était alors de chanter l'office de la nuit: les chanoines se trouvaient ainsi immédiatement rendus à l'église. Un autre motif est fourni par l'acte de cette fondation; on y lit: *cette défense fut faite pour qu'à l'avenir l'église soit à l'abri de la confusion des guerres*. La porte d'entrée de ce cloître a été reconstruite au XIIIe siècle, dans le style ogival. Ce portique est encore curieux, quoique bien mutilé par le vandalisme révolutionnaire. Ses portes, richement sculptées, ont été détruites à cette époque; et on a aussi fait disparaître deux précieuses statuettes: saint Spire et saint Leu; elles décoraient des niches restées vides. L'administration des ponts et chaussées a souvent menacé ce monument de destruction pour élargir la voie publique; espérons qu'on y regardera à deux fois. Notre cité, si riche en souvenirs, est déjà devenue trop pauvre en monuments!

La rue Saint-Spire finissait jadis à l'angle de la rue de l'Arche, et portait au delà, jusqu'aux murs de la ville, le nom de rue de la *Herse* (a), peut-être à cause de celle qui devait défendre la porte Saint-Nicolas, ou bien encore parce que cette rue, qui conduit dans la campagne, avait reçu le nom de cet instrument aratoire. Au dehors de la ville, la chaussée est appelée *Nagy*, du nom d'une *métairie*, transformée de nos jours en une maison de plaisance (b). Ce chemin, plus anciennement, conduisait à la *maladrerie*, et en portait le nom. L'incurabilité de la redoutable affection de la lèpre forçait à des mesures d'une rigueur barbare, pour l'application et le maintien desquelles l'autorité séculière s'entendait avec l'autorité spirituelle, qui, par une considération terrible, achevait de rendre ces mesures inviolables. Tous les auteurs ont parlé des cérémonies religieuses employées à la séquestration des lépreux (c). Cet hôpital était posé dans le champ contigu à Corbeil, encore appelé la *Maladrerie*. Il avait été fondé, en 1201, par *Eudes de Sully*, évêque de Paris, pour recevoir les femmes de Melun, de Corbeil et du voisinage de ces deux villes. En 1257, le prieur de Notre-Dame-des-Champs, à Essonnes, disputait à cette maison le droit de forage du vin, le jour de la foire Saint-Michel, qui alors se tenait à Corbeil. Le parlement de Paris jugea en faveur de la léproserie. Cet hôpital avait le droit de prendre chaque jour, dans le bois des *Templiers*, appelé *Rogellas*, sur le territoire d'Orangy, une charretée de bois à un cheval. Ce droit lui fut confirmé par le même parlement, en 1260

(a) Sorte de grille, glissant dans des rainures verticales, qu'on fait tomber brusquement pour intercepter le passage.

(b) Deux moulins à farine avaient été construits en cet endroit en 1795; ils ont été détruits en 1838, après de longs et ruineux procès.

(c) Cette hideuse maladie de la peau nous avait été rapportée d'Orient, à l'époque des croisades. Saint Lazare, sainte Madeleine ou sainte Marthe étaient ordinairement les patrons de nos léproseries.

(Lebeuf, *Histoire du Diocèse de Paris*, tome XI, p. 205). La destination de cette maison n'était pas encore changée en 1548. En 1631, on l'avait transformée en ermitage. Plus tard, elle fut donnée à l'Hôtel-Dieu de Corbeil, qui laissa tomber les bâtiments en ruine. Depuis quelques années, c'est dans ce champ que se tient la foire du 8 septembre, rétablie depuis peu.

Un titre de la collégiale Saint-Spire, de l'an 1295, mentionne l'*Hôtel du Mouton*, encore existant, et le dit assis en la rue du *Four-du-Puits*. L'une des plus anciennes maisons de la rue Saint-Spire est bâtie sur la Juisne et contiguë aux moulins dits de la *Boucherie*. Elle était connue, en 1488, sous le nom d'*Hôtel de Beaumont*, et appartenait à Baude de Vauvillars. La même année, Charles VII en fit don à Guillaume Charrier, receveur général des finances, et à Guillaume Ripault, clerc des comptes (Lebeuf, *Histoire du Diocèse de Paris*, tome XI, p. 227).

La rue du Cloître serait assurément mieux appelée *rue du Théâtre* : l'entrée de la salle de spectacle se trouve exactement dans son axe. Il est probable que l'insuffisance du cloître, au temps où le chapitre tenait des écoles où les jeunes gens de la ville venaient se faire instruire, a motivé l'ouverture de cette rue. Le chanoine d'Ansse de Villoison habitait une des maisons de cette rue. Il est certain qu'il y aura été souvent visité par son neveu du même nom, savant helléniste. On sait que Jean-Baptiste-Gaspard d'Ansse de Villoison naquit à Corbeil, le 5 mars 1750. Il est mort à Paris, le 26 avril 1805. L'érudition a perdu en lui un de ses plus fermes soutiens, et l'Institut un de ses membres les plus célèbres et les plus capables de contribuer à sa gloire. Il était membre de la Légion d'honneur. On pourrait donner le nom de ce savant à la rue qui nous a fait rappeler ce fait. Ce serait honorer la cité.

Il y a, dans le quartier Bonne-Nouvelle, à Paris, une petite rue, assurément fort ancienne, qui porte le nom du patron de Corbeil. Il y a lieu de penser que le chapitre de Saint-Spire aura été autrefois propriétaire du terrain sur lequel elle a été ouverte, et que c'est à cela qu'elle doit son nom.

SEINE (de la), section de l'ouest. C'est une rue nouvellement percée, et qui conduit du fleuve à l'embarcadère du chemin de fer.

SOISY (de), section du nord. Elle conduit directement à la commune de Soisy-sous-Etiolles. On trouve dans cette rue un vaste enclos, connu sous le nom du *Grand-Tremblay*: nous aurions préféré qu'on lui donnât ce nom. Il vient à cet ancien fief de l'arbre appelé *tremble* qui y croissait autrefois en abondance. Ce domaine a porté plus anciennement les noms de *Chevreau* et de la *Tour-Griveau*. Hue Grivel ou Griveau le tenait du roi en 1373. Robert Grivir ou Griveau en donna aveu au roi, en 1415; Jean Aymart, en 1452; Jean Bureau, écuyer, gendre du dernier, en 1490; son fils, en 1540; Guillaume Rivière, en 1545. Antoine Nicolaï, premier président de la chambre des comptes, était propriétaire de ce domaine vers la fin du XVIe siècle. Après lui on trouve Robert Myron, maître des comptes; Gabriel Miron, lieutenant civil; puis Madeleine Bastonneau, sa veuve. Le duc de Parme s'installa quelque temps dans la maison de cette dame, lors du siège de Corbeil, en 1590. Ennuyé de ne pouvoir réduire la ville, il imagina la construction d'un pont de bateaux pour transporter ses troupes sur la rive opposée du fleuve, afin de surprendre la garnison de ce côté. Cette tactique le seconda faiblement.

Il est surprenant de trouver sous le règne de Henri IV un capitaine de Corbeil, appelé *Tartereau*, qualifié seigneur de Berthemont et du Tremblay, puisque la veuve de

Gabriel Miron était encore en possession de ce domaine en 1603. Peut-être s'agit-il du Petit-Tremblay. Un autre Gabriel Miron, évidemment le descendant de ces derniers, président des requêtes du palais, puis ambassadeur en Suisse et prévôt des marchands, posséda ensuite la terre du Tremblay. Le roi Louis XIII lui donna, en 1621, plusieurs parcelles de terre qu'il fit enclaver dans cette propriété. Robert Miron, son fils aîné, périt victime de la Fronde, malgré sa haine pour Mazarin. Il rendit foi et hommage au roi pour sa terre du Tremblay, en 1642. Gabriel Choart (a), chevalier, seigneur d'Aubouille, trésorier général des fortifications et ponts et chaussées de France, acquit ce domaine de cette famille. Il en fut exproprié en 1713, par Marie Miron, veuve de Claude Brizard. Pierre Dumoulin, écuyer, secrétaire du roi, en fit l'acquisition en 1715. Anne de Santilly, sa veuve, y mourut en 1739. C'est alors que le Tremblay passa dans les mains de Jacques-Bernard Durey de Noinville, conseiller du roi et maître des requêtes, mort à Paris vers la fin du XVIIIe siècle (b). Il était membre de l'Académie des inscriptions et belles-lettres. On lui doit l'histoire des secrétaires du roi. Ce magistrat s'occupa assez sérieusement de l'histoire de Corbeil; malheureusement, son manuscrit est resté dans sa famille, et l'on en ignore le sort.

Les derniers possesseurs du Tremblay ont été : mademoiselle Branchu ; M. Raynal ; le chevalier Juddes, sei-

---

(a) Cette famille a donné, au XVIIe siècle, un évêque au siège de Beauvais ; et dans le XVIIIe, plusieurs magistrats et plus d'un militaire de distinction.

(b) Un de ses neveux, Pierre-Jean Durey, né à Noyers, le 31 décembre 1771, mort à Paris, le 5 septembre 1836, était habile dans l'administration des finances ; ce qui ne l'empêcha pas d'écrire quelques comédies. Sa mère, Louise Vauvilliers, était fille du fameux professeur de grec de ce nom. Corbeil, on le sait, a vu les uns et les autres.

gneur d'Etiolles, et de Soisy; madame de Saint-Auban, dame de Tigery; l'abbé Duplessis et M. de la Motte, chez lequel vint coucher madame la Dauphine (a), le jour même de la mort de son époux, à Fontainebleau (20 décembre 1765). M. Lenormand d'Etiolles céda la propriété du Tremblay à M. Bretignières, seigneur de Saint-Germain-le-Vieux-Corbeil, qui fit détruire le château en 1778. Il y avait un oratoire domestique. C'est à cette époque que cet enclos a été rendu à la culture. On y trouve une belle fontaine dont les eaux sont vives et limpides; cette inscription s'y lit : *Abundantia deliciæ domus* M. D. C. C. LVIII.

Il existe dans cette rue, depuis quelques années seulement, un oratoire protestant. Nous ne sachions pas qu'il y en ait jamais eu précédemment dans notre ville. On vient de le remplacer par un petit temple en forme d'édifice, construit rue des Tarterets, en 1851.

SOUS-PRÉFECTURE (Place de la), section de l'ouest. Autrefois dite de Saint-Guenault, à cause de l'église de ce nom, dont la façade y aboutissait avant qu'on réduisît cet édifice des deux tiers. A notre avis, on devrait l'appeler place du Château Royal. On en voit encore les restes dans la base d'une tour carrée, qui a été écimée par le dernier duc de Villeroy, seigneur engagiste du comté de Corbeil. Saint Louis avait fait construire proche ce palais une sainte Chapelle à double étage, dans le genre de celle de Paris, mais certainement moins grande. Elle était en ruine lors de la magistrature de Delabarre; notre historien nous apprend qu'il en vit arracher les derniers fondements.

Les moulins banaux du roi, établis sur la Juisne, étaient immédiatement au-dessous de la demeure royale.

(a) Le roi Louis XV, qui accompagnait la princesse sa belle-fille, coucha chez le conservateur du magasin à blé.

Ceux actuels occupent le même emplacement. Ils ont été construits en 1775, sur l'une et l'autre rive de cette petite rivière, aux frais de l'administration des hospices de Paris, à qui ils avaient été donnés ou concédés par arrêt du conseil du roi, du 21 mars 1769, enregistré le 20 août 1770. Cet établissement les a aliénés il y a quelques années ; madame la vicomtesse de Noailles en est actuellement propriétaire. En 1827, le système de ces moulins a été changé : sept sont mus, de chaque côté, par une seule roue ; depuis, treize autres paires de meules ont également été montées d'après le procédé anglais.

C'est sur la place de la Sous-Préfecture que se font les exécutions de justice, le cas échéant. Nous y avons vu l'échafaud se dresser en 1822, pour satisfaire à un arrêt de la cour d'assises de Seine-et-Oise. Cette remarque nous conduit à rappeler le fait suivant, extrait de l'ouvrage du bibliophile Jacob, *le Roi des Ribauds* (tome 1er, p. 24); on y lit : « Les rois des Ribauds (a) n'ont pas toujours été dignes d'une charge qui les mettait en rapport direct avec les rois de France. On lit dans les vieux comptes de l'hôtel que *Gillet, naguères roy des Ribauds, et le Picardeau, son prevost*, furent menés de Corbeil au pilori de Sedan. » Le Guillet de M. Paulin Pâris ne serait-il pas le même que celui dont parle M. Victor Hugo (*Notre-Dame de Paris*, tome II, p. 358) ? « On trouve, entre autres, dans les

---

(a) Philippe-Auguste, pour la sûreté de sa vie menacée, s'entoura d'hommes propres à défendre sa personne, nommés les *Ribauds*. Leur chef portait le titre de *roi des Ribauds*. Cet emploi, noble et fort estimé sous le règne de saint Louis, privilégié jusqu'à Charles VI, et presque aboli par Louis XI, qui le dépouilla d'une partie de ses prérogatives et de ses immenses bénéfices, était celui d'officier de l'hôtel du roi, chef suprême des domestiques, des pages et des femmes galantes, suivant la cour (*meretrices regias*). Celles-ci étaient tenues de faire le lit de ce dignitaire pendant tout le mois de mai (Dulaure, *Singularités historiques*, chap. VII, p. 19).

comptes de la prévôté, pour 1466, un curieux détail des frais du procès de *Gillet-Soulart* et de sa *truie*, exécutés pour leurs démérites à Corbeil. Tout y est : le coût des fosses pour mettre la truie, les cinq cents bourrées de cotrets pris sur le port de Morseng ; les trois pintes de vin et pain, dernier repas du patient, fraternellement partagé par le bourreau, jusqu'aux onze jours de garde et de nourriture de la truie, à huit deniers parisis chaque.»

L'ancienne maison prieurale de Saint-Guenault, est occupée par la sous-préfecture et le tribunal civil.

T

TARTERETS (des), section de l'ouest. C'est le nom de la plaine où elle se trouve ; il est probable qu'il a été celui d'une famille honorable du pays, et sans doute en possession de ce canton, auquel elle aura légué son nom. Nous trouvons un notaire appelé Tarterêt, et exerçant à Corbeil, au milieu du XVIIe siècle. Cette rue avoisine l'embarcadère du chemin de fer. On y a construit un oratoire protestant en 1851.

TISSEURS (aux), section de l'ouest. Il y a encore beaucoup de tisserands à Corbeil. Jadis tous les artisans exerçant une même profession étaient tenus de demeurer dans une sorte de communauté. Bien certainement ce nom a été donné à cette rue par la corporation des *tisserands* ou *tisseurs*, comme à la rue de la *Tixeranderie*, à Paris.

TRIPERIE (de la), section du sud. Cette rue est contiguë à celle de la Boucherie : sans doute que les débris des bêtes qui s'y vendaient se débitaient dans celle-ci.

TROU-PATRIX (du), même section. La tradition rapporte que là où aboutit cette rue, sur la rivière de Juisne, existait autrefois un trou profond qui servait de repaire à un monstre à deux têtes, dont le brave comte Haimon aurait débarrassé les habitants de Corbeil, dont il était la terreur. C'est un de ces récits que la frayeur accrédite, et que l'ignorance adopte. Il est commun à beaucoup de localités. Ce monstre tant redouté a probablement dû son origine au dragon fantastique représenté aux pieds de la statue de notre comte, sur le tombeau qui lui a été élevé au XVe siècle dans l'église alors collégiale de Saint-Spire, dont il a été le fondateur. A notre avis, ce symbole héraldique représente la force, et pas autre chose. Par une confusion absolument semblable, le dragon qui était figuré dans l'église d'Oberbirbach, aux pieds de Hans de Frankenstein, sur son tombeau, était regardé par le peuple comme l'image d'un dragon qu'il avait tué (Millin, *Antiquités nationales*, tome II, chap. 22, p. 15). Tous ces loups, ces dragons, ces serpents monstrueux, dont on raconte l'histoire dans presque toutes les villes de France, ne nous paraissent être qu'une allégorie relative à l'établissement du christianisme. C'est le triomphe de la croix sur le paganisme.

Dans cette rue se trouve la salle de spectacle. Elle a été inaugurée le 2 janvier 1819. On y a vu, tour à tour, le physicien *Comte*, le physionomane *Leclerc*, et entendu le célèbre improvisateur *Eugène de Pradel*. Les Osages, promenés par M. Delaunay, en 1827, s'y sont montrés à la curiosité publique. Leur présence dans notre ville donna lieu à une scène assez plaisante. Les Osages prenaient du punch au vin au café du théâtre, où se trouvaient quelques buveurs de bière. L'interprète des voyageurs indiens dit à un villageois : « Savez-vous que vous tournez le dos à un chef de tribu? que vous devriez être découvert?—Que m'importe? répondit-il; n'ai-je point payé trente sous en entrant, et suis-je obligé d'ôter mon chapeau, lors, surtout que vous avez conservé le vôtre? — Tu es un manant, répondit l'interprète en l'empoignant ; *j'te vas démolir.*» Puis le gros *soldat* s'écrie : *Mangeons-le !* Alors un marchand de vins en gros, qui croit avoir reconnu le gros soldat pour un débardeur de la Rapée, lui dit énergiquement : *Je vais te f..... un soufflet.* Cette scène n'a point eu de suite, grâce au commissaire de police, qui a déclaré à l'interprète que, le café n'ayant point été loué aux Osages, chacun était libre d'y rester ; qu'au surplus un Français n'était point obligé de se découvrir devant les riverains du Missouri.

Cette scène nous rappelle un autre fait. Il s'est également passé à Corbeil. Le malheureux *Drac*, mort à Rouen, en 1827, des suites d'une blessure que lui fit à la main l'un des serpents à sonnettes qu'il montrait au public, laissa des dettes. Un huissier fut chargé de saisir les animaux qui appartenaient à sa succession et figuraient à la foire de Corbeil. Un poëte de la ville, après avoir lu le procès-verbal de saisie, fit le quatrain suivant :

> Huissier, dans ton rapport tu dis une bêtise ;
> Je l'attribue à ton esprit tremblant.
> Non, le caméléon n'est point de couleur grise :
> Il a la couleur d'un veau blanc.

TUILERIE (de la), section du nord. Ce nom n'a pas besoin de commentaire. D'ailleurs, de vieux fours abandonnés attestent encore l'usage qu'on en faisait.

VIEUX-MARCHÉ (du), même section. Elle conduit au roidillon qui mène au hameau de ce nom, partagé entre les communes de Saint-Germain et du Perray. Là existait originairement Corbeil. C'est au moins notre sentiment.

Un titre du XIIIe siècle nous apprend qu'il existait alors à Corbeil une rue de *Mars*. Il s'agissait certainement du dieu de la guerre, et non du troisième mois de l'année.

On connaissait aussi, dans notre cité, en 1298, une rue dite des *Murs* ; à cette époque, le chapitre de Saint-Spire y fit l'acquisition d'une maison appartenant à Jean le Poil, prévôt de Corbeil. Cette rue conduisait certainement à ce *château des Murs* dont parle Delabarre, qui ne nous en indique pas l'emplacement, et dont s'emparèrent par ruse quelques brigands, en 1363. Ils s'y rendirent aussi formidables par leurs extorsions que s'ils avaient été réellement des ennemis (Millin, *Antiquités nationales*, tome II, ch. xv, p. 11).

Tout notre orgueil, en publiant ces recherches, a été d'apporter notre part à l'histoire du pays qui nous a vu naître. L'encouragement de nos concitoyens nous portera à essayer de nouveau nos forces, pour assurer à notre cité le rang qu'elle doit occuper dans les annales de l'ancien gouvernement de l'Ile de France dont Paris était le centre.

www.ingramcontent.com/pod-product-compliance
Lightning Source LLC
LaVergne TN
LVHW021746080426
835510LV00010B/1345